CRUZ DE CARAVACA

CRUZ DE CARAVACA

© 2017, Editora Anúbis

Revisão:
Flávia Venézio
Lâmia Brito

Capa e diagramação:
Edinei Gonçalves

Dados Internacionais de Catalogação na Publicação (CIP)
(Câmara Brasileira do Livro, SP, Brasil)

Cruz de Caravaca. – São Paulo, SP: Anúbis, 2017.

Vários autores
ISBN 978-85-98647-04-3

1. Cura pela fé 2. Espiritualidade 3. Fé 4. Magia 5. Oração 6. Umbanda (Culto).

12-05976   CDD-299.672

Índices para catálogo sistemático:
1. Cruz de Caravaca : Livros de oração : Umbanda : Religião 299.672
2. Medicina espiritual : Umbanda : Religião 299.672

São Paulo/SP – República Federativa do Brasil
Printed in Brazil – Impresso no Brasil

Este livro segue as novas regras do Acordo Ortográfico da Língua Portuguesa.

Os direitos de reprodução desta obra pertencem à Editora Anúbis. Portanto, não é permitida a reprodução total ou parcial desta obra, de qualquer forma ou por qualquer meio eletrônico, mecânico, inclusive por meio de processos xerográficos, incluindo ainda o uso da internet, sem a permissão expressa por escrito da Editora (Lei nº 9.610, de 19.2.98).

Distribuição exclusiva
Aquaroli Books
Rua Curupá, 801 – Vila Formosa – São Paulo/SP
CEP 03355-010 – Tel.: (11) 2673-3599
atendimento@aquarolibooks.com.br
Impressão e acabamento: Mark Press Brasil

Índice

Aviso aos leitores 11
Cruz de Caravaca 13
   A história da Cruz de Caravaca 14
Contra o mal da urina 18
Oração de Santa Apolônia contra a dor
   de dente 19
Contra erisipela 20
Contra o câncer 21
Contra apoplexia 22
Para curar a surdez e o mal dos ouvidos 23
Oração do bom parto 24
Contra os males físicos 26
Contra gengivite 27

Contra a erisipela 29
Contra a dor de barriga 31
Contra as doenças do fígado 32
Dor nos rins 34
Contra as anginas 37
Contra as contusões e o deslocamento
   de ossos 38
Contra as queimaduras 39
Contra as hérnias 40
Contra o mal do seio 41
Contra a nuvem nos olhos 42
Contra a nostalgia 43
Contra a paralisia 44
Contra o tracoma 45
Contra o amarelão 46
Contra as quedas 47
Contra os males do estômago 48
Contra a maleita 49
Contra a dor de cabeça 50
Contra a febre 51

Contra os tumores.......................... 52
Contra as doenças desconhecidas 53
Oração para que a mulher seja fiel 54
Oração para que o homem seja fiel 55
Oração para ganhar dinheiro e ser rico 56
Contra os inimigos e os perigos da vida 57
Contra a inveja............................. 59
Contra as gripes e os resfriados 60
Oração de São Cipriano para todos os males .. 61
Oração de São Paulo contra o demônio....... 64
Oração para a Mãe do Redentor 65
Oração para o Anjo da Guarda 66
Como ungir a cruz de São Bartolomeu 67
A grande invocação........................ 68
Oração para amolecer corações 69
Oração para vencer nos negócios 70
Oração para ganhar no jogo de dados........ 71
Oração para descobrir segredos ocultos 72
Oração de São Jorge........................ 73
Salve Estrela-do-mar....................... 75

7

Oração a Nossa Senhora das Dores........... 76
Oração a São José pela paz da família........ 78
Oração a São Judas Tadeu para ter sucesso
nas questões legais e jurídicas........... 80
Oração a Santa Maria Goretti............... 82
Oração de São Roque contra chagas e feridas.. 83
Oração de Santa Terezinha contra desastres .. 84
Oração pelas almas........................ 86
Oração ao menino Deus.................... 88
Oração a Santa Bárbara.................... 89
Oração a Nossa Senhora de Fátima.......... 90
Oração a São Pedro........................ 91
Oração a São João Batista................... 92
Oração a São Miguel para ter uma saúde
de ferro................................ 93
Oração a Santa Margarida protetora das
mulheres grávidas...................... 95
Oração de São Lázaro...................... 96
Oração a São Simão contra os raios.......... 97
Oração a São Bartolomeu................... 98

Oração a São Thomé para obter
    esclarecimento em um negócio.......... 99
Invocação ao Divino Espírito Santo 100
Oração de São Paulo para descobrir a
    verdade sobre um determinado assunto .. 101
Oração a São Cristóvão para obter força para
    vencer os desafios 102
Oração a São Expedito, santo das causas
    impossíveis 104
Oração para conseguir o amor de
    uma mulher........................... 105
Oração para conseguir o amor de
    um homem............................ 107
Oração de Santa Catarina contra os inimigos . 109
Oração ao glorioso Santo Expedito 110
Oração a Nossa Senhora desatadora de nós ... 112
Oração de São Cosme e Damião por
    nossos filhos 113
Oração a Nossa Senhora Aparecida 115
Pai-nosso 117

Credo 118
Ave Maria 120
Glória ao Pai 121
Salve Rainha.............................. 122
Prece de Cáritas 124

Aviso aos leitores

Por mais que estas orações sejam poderosas, o filho(a) deve sempre procurar ajuda médica nos casos de doença porque Deus dá e tira os malefícios, mas os seus milagres vêm de muitos lugares.

Cruz de Caravaca

A verdadeira Cruz de Caravaca é uma dádiva de Deus à humanidade, fonte de poder e redenção de todos os males, um baluarte para os momentos difíceis.

A Cruz de Caravaca é um relicário de força espiritual que pode ser usado no quarto de doentes ou para ajudar nas orações; o fiel pode rezar olhando para ela, o que tornará seu pedido mais efetivo.

Seus mistérios se perdem na história, como a poderosa fortaleza de Caravaca.

Este livro com o tempo se tornará um talismã de muita energia espiritual se o devoto tratá-lo com respeito que se tem por um objeto santo. Ele não deve ser emprestado e deve ser deixado em um lugar especial e de respeito em casa. Quanto mais o usar, mas forte ele se tornará.

A história da Cruz de Caravaca

A história da Cruz de Caravaca se confunde com a da fortaleza na cidade de Caravaca na Espanha.

A Cruz de Caravaca é uma relíquia também chamada de Vera Cruz, um fragmento da Cruz no qual nosso senhor Jesus Cristo morreu, tornando-a muito poderosa. Tanto é que magos, bruxos e templários a têm como símbolo de grande poder espiritual. Ela foi protegida pelos templários durante séculos.

Na época que a Espanha havia sido conquistada pelos árabes, um deles governava a cidade de Caravaca em 1232, Ibn Hud era o seu nome. Ele estava curioso a respeito da fé cristã e pediu para um padre, Gines Perez Chirinos, realizar uma missa. O sacerdote listou tudo que precisava para a cerimônia, mas se esqueceu da cruz! Com todas as pessoas do castelo reunidas no grande salão, sob os olhares atentos dos governantes mouros, o sacerdote ficou desesperado sem saber o que fazer. Nesse exato momento dois anjos entraram por uma janela carregando a Cruz de Caravaca.

Todos os mouros se converteram ao cristianismo após o milagre e os cristãos foram libertados. Este foi o primeiro milagre da Cruz de Caravaca; o primeiro de milhares até os dias de hoje. Poucos anos depois toda a Espanha foi conquistada pelos seguidores do cristo e os mouros expulsos. A cidade de Caravaca foi a mais importante base na luta contra os infiéis, os soldados diziam sentir em suas terras a força da revelação do cristo, o milagre deu ânimo a todos para a luta de reconquista da Espanha. Os milagres da Cruz se multiplicaram e o povo recebia todos os tipos de graças fazendo romarias com milhares de pessoas para ver a santa Cruz. Sua fama se espalhava.

Com o tempo a Cruz de Caravaca conquistou o mundo, estando presente em toda América, Europa e em muitos países da Ásia e África. Levada por missionários que sabiam dos seus milagres, nestas terras novos prodígios da Cruz de Caravaca tiveram lugar.

O uso da Cruz de Caravaca chegou ao Brasil com Martin Afonso de Souza pelos idos de 1500, tornando-se parte importantíssima da religião brasileira.

Contra o mal da urina

Senhor,

pelo privilégio especial dado ao beato Libório para livrar-se dos males do cálculo, pedra e urina, faça que (nome do doente) esteja livre de todo mal (nome da doença) de que padece.

Oh, glorioso e magnânimo São Libório, intercedei por nós.

Amém.

Rezar três pais-nossos em honra à Trindade.

Oração de Santa Apolônia contra a dor de dente

Santa Apolônia bendita,

Por tua virgindade e martírio foste digna do Senhor e foste feita advogada contra a dor de dente e os males da boca.

Rogamos intercedeis por nós perante o Deus Misericordioso para que este doente (nome da pessoa) tenha a cura completa.

Senhor, seja receptivo a esta prece que a vós dirigimos por intermédio de Santa Apolônia.

Amém.

Rezar um pai-nosso para Santa Apolônia e três para Santíssima Trindade.

Contra erisipela

Em nome do Pai (faça o sinal da cruz), do Filho de Deus (faça o sinal da cruz) e São Marcial (faça o sinal da cruz), que nem por dentro (faça o sinal da cruz), nem por fora (faça o sinal da cruz) lhe faça nenhum mal.

Rezar três pais-nossos em honra à Santíssima Trindade.

Contra o câncer

Jesus e o câncer vão a Roma,
O câncer se vai e Jesus volta.
Viva Cristo! O câncer morre,
e viva a fé em Jesus Cristo!
Amém.

Contra apoplexia

Nosso Senhor e Deus,

Que tendo morto André Avelino de apoplexia quando oferecia o sacrifício no altar, te dignaste conferindo-lhe a graça de recebê-lo no eterno santuário de glória e torna-se ser um intercessor junto a ti dos que padecem do mal de apoplexia.

Suplicamos, reverentes por seus méritos e sua misericórdia, que (nome do doente) seja curado e tudo isso para a Sua honra e glória.

Que assim seja.

Reze um pai-nosso a Santo Avelino e três para a Santíssima Trindade.

Para curar a surdez e o mal dos ouvidos

Meu Senhor Jesus Cristo,

Tu que livrastes das doenças o surdo-mudo de Decápolis simplesmente colocando os dedos em seu ouvido e dizendo: "Seja aberto".

Conceda-me a graça que em há Teu nome e com os teus milagres eu possa curar (nome do doente) do mal dos ouvidos.

Amém.

Ao fim desta, se reza o pai-nosso.

Oração do bom parto

Eu me dirijo a tu, de olhos fixos em tu, Virgem Santíssima.

Virgem antes do parto, virgem durante o parto e virgem depois do parto.

A tu que eu clamo neste momento. Peço graças e auxílio, oh, Virgem Santíssima e Imaculada para todo sempre pelo Espírito Santo. Que em vosso ventre gerou a maravilha de todos os tempos e todos os mundos, o teu adorado e santo Filho, Jesus Cristo.

Em nome de Jesus, Virgem Santíssima, estou aqui de joelhos a rogar a tu que não me desampare e a pedir tua assistência para que eu tenha sucesso e um bom parto.

Oh Mãe Santíssima, te envio estas súplicas sinceras na certeza de que irá me compreender e amparar nesse delicado momento.

Amém.

Rezar três ave-marias e três salve-rainhas dez dias antes do parto.

Contra os males físicos

Em nome do nosso Senhor Jesus Cristo,

Mal, eu te ordeno que deixe imediatamente (nome da pessoa).

Mal, de onde quer que provenhas, seja qual for o seu princípio e a sua natureza, abandone essa criatura de Deus (fazer o sinal da cruz três vezes).

Em nome da Santa Cruz, desapareça mal incontinente e não retornes para molestar (nome do doente). Eu ordeno que assim seja!

Em nome do Pai, do Filho e do Espírito Santo.

Amém.

Contra gengivite

São Pedro está sentado à margem do Rio Jordão, melancólico e triste chegou o Nosso Senhor Jesus Cristo e lhe disse: "Pedro, o que há com você? Por que estás triste e melancólico?", São Pedro respondeu: "Jesus, as gengivas me doem devido aos vermes que as estão movendo". O Senhor disse: "Te concedo que não mais te doam as gengivas".

Em nome do Pai, do Filho e do Espírito Santo.

Suplicou São Pedro: "Senhor, eu suplico que todos os que lerem estas palavras, pelo poder de Ti, não lhes doam mais as gengivas".

Jesus concedeu esse favor em nome do Pai, do Filho e do Espírito Santo.

Amém.

Contra a erisipela

Tende piedade Senhor de (nome do doente), que vem sofrendo tanto, resignadamente. Senhor, tende piedade (nome do doente), cujas noites mal dormidas por causa de seus sofrimentos, causa tanta piedade aos que lhe estimam.

Pai Celeste, tenha piedade de (nome do doente), trazendo alívio a suas dores e cura para seus males. E, curado, este possa render as mais sentidas e sinceras graças por Vossa intervenção santa e por Vossa misericórdia infinita.

Espírito Santo, ouve-me! Rainha dos Mártires!

Santa Maria, interceda por (nome do doente) para que possa novamente ser são e feliz, livre do mal que o aflige. E assim, volte a louvar!

Em nome do Pai, do Filho e do Espírito Santo.

Amém.

Contra a dor de barriga

O devoto faz nove cruzes e vai dizendo a cada cruz. "Ostevum, Ostesa, Maléhit, Bany, Ampoca palla, dor de barriga, vê daqui, que é Deus que manda".

Repetir três vezes, rezando três pai-nossos para Santíssima Trindade.

Contra as doenças do fígado

Santíssima Virgem Maria, mesmo Virgem concebeste o nosso Salvador e Virgem sofreste ao acompanhar os sofrimentos de nosso Senhor Jesus Cristo ao morrer na cruz, eu vos dirijo essa oração de todo o coração, cheio de fé e esperança, para que intercedas por mim e eu tenha a benção do Senhor, para que eu obtenha a cura destas dores terríveis que acometem o meu fígado. Na certeza, oh, Mãe de Misericórdia, que saberá me socorrer e atender a estas súplicas, que provêm do fundo do meu coração, da minha alma e que pertence a Vós, desde o instante em que reconheci-vos como a Virgem Mãe de nosso Senhor Jesus Cristo.

Glória, Glória, Aleluia!

Em quem cegamente eu confio para amparar a todos que sofrem neste miserável mundo terreno. E um dia do qual vão sair, não sendo pecadores ou se redimindo dos pecados, indo habitar na corte celestial onde estão os eleitos de nosso Senhor.

Em nome do Pai, do Filho e do Espírito Santo.

Amém.

Esta reza deve ser feita em dias ímpares, junto com três salve-rainhas e três pai-nossos.

Dor nos rins

Jesus, Jesus, Jesus!

Sofreste muito na Terra, foste muito judiado.

Homens impuros que não souberam reconhecer em Vós o Redentor por meio de Sua santa morte. No Calvário, sacrificado na Cruz, passou as maiores torturas, não se queixando de nada. Sem dúvida alguma, esse sacrifício se destinava a redimir os filhos de Vosso Pai, que preferiu Vos sacrificar e, assim, redimiu dos pecados os pecadores impenitentes.

Santificada foste a Sua missão e santo o teu comportamento, calando diante das maiores e mais iníquas torturas. Essa é a razão de sua boa aventurança.

E pelos séculos e séculos, vivendo como bem aventurado.

Jesus, Jesus, Jesus!

Estou certo que ouvirás as súplicas que aqui Vos vou fazer: um penitente que muito vem sofrendo e que muito deseja curar-se. Essa dádiva só pode vir de Ti!

O meu sofrimento é imenso devido às dores nos rins que vêm me atormentando.

Oh, Nosso Senhor Jesus!

Noite após noite, dia após dia, sou acometido por estas dores que não me deixam e não me abandonam um só momento, mas aumentam a cada hora que passa.

Então recorro a Vós, certo de que de Vosso trono me auxiliareis, já que nesse mundo terreno não encontro qualquer alívio para esses males.

Jesus, Jesus, Jesus!

Rogo encarecidamente em socorro.

Não duvido de Vossa pronta intervenção, já que faço esta prece com toda a sinceridade e unção. Já estou mais aliviado e a caminho da cura total.

Em nome do Pai, do Filho e do Espírito Santo.

Amém.

Contra as anginas

Há três meninas em Belém: uma fia, outra cose e a outra cura as anginas. Uma coze, outra fia e a outra cura o mal traidor.

Repetir três vezes pelos dias seguintes, fazendo o sinal da cruz em cada uma delas. Rezar três pai--nossos em honra à Santíssima Trindade.

Contra as contusões e o deslocamento de ossos

Nasceu Jesus.

Foi batizado, sofreu paixão e morte.

Ressuscitou e subiu aos céus.

Cristo está sentado à direita do Pai, e ali irá julgar os vivos e os mortos.

Devido a essas grandes verdades e à confiança que inspira a todos os cristãos, esses malefícios do(a) (nome da pessoa) serão curados assim como as chagas do Redentor.

Rezar cinco pai-nossos em memória das cinco chagas de Jesus.

Contra as queimaduras

São Pedro, São João, Santo Anastácio, Santo Amaro, Santa Adélia, Santa Rita, Santa Ana, São Cristóvão. Todos os santos, ajudai!

Que o fogo não queime e a água o apague!

Senhor Deus, curai essas queimaduras!

Em nome da Mãe de Deus.

Amém.

Rezar três salve-rainhas pela comunhão dos santos.

Contra as hérnias

Jesus, que ressuscitou Lázaro, nasceu da Virgem Maria e padeceu sob Pôncio Pilatos, nos redimiu com a sua morte. Valei-me neste momento e ajude na cura do(a) (nome do doente).

Que assim como subiste ao céu, cheio de glória, possa o infeliz portador deste mal encontrar a cura.

Rezar três Credos em glória ao Senhor Jesus.

Contra o mal do seio

Maria, Mãe da Glória!

Que concebeste o Salvador do mundo, ajude (nome do doente) a encontrar a cura dos males do seio.

Amém.

Rezar três ave-marias.

Contra a nuvem nos olhos

Pela Santíssima Trindade, pela Glória do Filho Unigênito, afaste o mal das vistas do(a) (nome do doente). A cura vem rápido, em nome do Senhor Jesus.

Que assim seja.

Amém.

Contra a nostalgia

Oh Virgem Maria, que viu seu Filho morrer na cruz, passou por imensas dores, mas sabia que Ele é o Filho de Deus. E que ressuscitaria dos mortos e subiria aos céus.

Assim, livre-me da nostalgia.

Amém.

Rezar três salve-rainhas.

Contra a paralisia

Jesus, que governa o mundo, sentado ao lado direito do Pai, fonte de luz e amor. Vós que curaste o paralítico, dizendo: "Levanta-te e anda". Assim Vos suplico que cure o(a) (nome do doente). Que assim seja.

Amém.

Rezar três pai-nosso.

Contra o tracoma

Santa Luzia, padroeira dos olhos, esteja ao lado do(a) (nome do doente) e ajude-o a vencer o tracoma. Senhora dos olhos, curai as vistas de todos os homens, especialmente do (nome do doente), na certeza de sua ajuda.

Agradecemos, oh Santa Luzia!

Rezar três ave-marias e três pai-nossos.

Contra o amarelão

Oh Deus, todo poderoso, livrai-me desse mal!

Senhor do Céu e da Terra, que és todo poder, nos livrai do Amarelão. Ajude (nome do doente) a encontrar a cura e a libertação desses males.

Em nome do Senhor.

Amém.

Rezar três credos.

Contra as quedas

Senhor Jesus,

Foste carpinteiro e esculpiste a madeira.

Ajude e proteja todos nós das quedas e tombos, protege-nos dos males.

Especialmente, proteja as crianças.

Em nome do Pai, do Filho e do Espírito Santo.

Amém.

Rezar três pai-nossos.

Contra os males do estômago

Senhor Deus,

Todo poderoso, liberte (nome do doente) de todos os males do estômago.

O doente é um pecador redimido, arrependido de seus pecados. Caso seja curado, passará a existência a venerar a Vossa Glória.

Rezar três credos.

Contra a maleita

Afaste-se, espírito do mal. Volte para sua morada Infernal, saia dos pântanos e das águas paradas: locais insalubres de muitos males.

Nosso Senhor Jesus venceu a tentação do demônio no deserto, e assim nós venceremos a maleita.

Deus, rogai por nós!

Especialmente por (nome do doente), que foi acometido(a) pelo espírito maligno.

Cremos no Senhor Deus!

Amém.

Contra a dor de cabeça

Oh São João Batista,

Que perdeste a cabeça pela soberba humana, ajude (nome doente) a livrar-se desta dor lancinante que o acomete e perturba seu juízo.

Oh grande santo, tenha piedade deste pecador, que tanto sofre com este mal incurável.

Conceda esta dádiva rapidamente a este sofredor.

Glória ao Senhor!

Amém.

Rezar cinco ave-marias e cinco salve-rainhas.

Contra a febre

Senhor Jesus,

Abrande o fogo que consome este doente.

Livrai-o de todos os males, como Vós que ficaste três dias no Inferno e vencestes as chamas infernais. Livrai (nome do doente) desse calor abrasador.

Tende piedade, Senhor Jesus, e iluminai a vida deste sofredor.

Amém.

Rezar três pai-nossos.

Contra os tumores

Em nome do Deus criador do Universo, que os tumores desapareçam do corpo do(a) (nome do doente), que os tumores sejam destruídos, qual os egípcios que perseguiam o santo Moisés. Que os tumores vão e não voltem, em nome do nosso Senhor que é Santo.

Glória nas alturas, Senhor!

Rezar durante uma semana esta oração.

Contra as doenças desconhecidas

Jesus, Maria e José!

Que fugiram para o Egito para livrar-se da perseguição de Herodes, ajudem (nome do doente) contra esse mal desconhecido que lhe aflige. Rogamos pela cura e pedimos ao menino Jesus o pronto restabelecimento do(a) (nome do doente).

Lancem sobre ele suas bênçãos e façam com que a saúde volte a seu corpo.

Amém.

Rezar um credo e uma ave-maria.

Oração para que a mulher seja fiel

Oh Maria, mãe de Deus, tu que fostes bendita entre as mulheres, completamente pura e imaculada, faça com que (nome da mulher) seja digna, respeitosa e fiel.

Que o seu coração só tenha desejos por mim, que sua mente só tenha pensamentos para mim, e que seu corpo só sinta calor junto ao meu.

Essa oração deve ser repetida durante um mês, todas as noites.

Oração para que o homem seja fiel

São José, marido devotado da Virgem Maria, bendita entre as mulheres, completamente pura e imaculada, faça com que (nome do homem) seja digno, respeitoso e fiel.

Que o seu coração só tenha desejos por mim, que sua mente só tenha pensamentos para mim, e que seu corpo só sinta calor junto ao meu.

Essa oração deve ser repetida durante um mês, todas as noites.

Oração para ganhar dinheiro e ser rico

Jeová, tu que fizestes a riqueza de Abraão, de Arão e de Salomão, abra meus caminhos para o sucesso e para o dinheiro. Que nunca falte e sempre abunde.

Para a glória de seu nome, por todos os séculos e séculos, porque Tu és o dono de tudo e senhor de todas as coisas.

Dou-te graças, oh senhor da riqueza e da abundância.

Rezar quatro pai-nossos e quatro creio em Deus pai.

Contra os inimigos e os perigos da vida

Senhor Deus,

Tu que fechaste a boca dos leões, salvando Daniel, que fizeste o fogo não queimar.

Tu, que guiou, resguardou e nutriu o seu povo quando ele estava perdido no deserto, ajuda-me contra os meus inimigos. Que eles nada possam contra mim.

Hei de vencê-los, porque o Senhor está comigo e, assim sendo, ninguém nada pode contra mim! Que assim seja.

Amém.

Rezar todos os dias ao nascer do sol, ou enquanto durar a perseguição.

Contra a inveja

Simão, o Mago, era o mestre da magia, mas encontrou em São Pedro um homem santo, muito mais poderoso, porque junto a ele estava o Senhor. Simão teve inveja de Pedro, mas o Senhor não desamparou Pedro. Oh Senhor, não me desampare! Esteja comigo e faça com que eu possa resistir à inveja. Simão, o Mago, com a ajuda do diabo tentou vencer São Pedro, mas bastou São Pedro rezar com fervor para quebrar a força do mal e destruí-lo.

Oh Senhor, me ajudea-me a continuar vencendo e me livrando da inveja dos meus inimigos.

Glória, Glória, Glória ao Senhor!

Rezar durante um semana junto a um Credo.

Contra as gripes e os resfriados

Jesus, que curaste tantos sofredores, ajude (nome do doente) a expulsar de seu corpo a moléstia que o aflige. Oh Senhor, Teu poder é infinito, assim como Teu amor. Tende piedade do(a) (nome do doente), restabeleça sua saúde. Livre-o(a) deste mal!

Rezar três vezes ao dia junto a um pai-nosso pela manhã, até a doença acabar.

Oração de São Cipriano para todos os males

Eu, Cipriano, diante de Deus Pai e de Jesus Cristo, nosso salvador, restabeleço a saúde do(a) (nome do doente) e o liberto de todos os feitiços, quebrantos, encantamentos, olho gordo e todos os males. Abra os seus caminhos, em nome de Deus, nosso Senhor Jesus Cristo, São José e Santa Maria.

Glória ao Senhor! Glória aos Santos!

Que os inimigos sejam aniquilados, suas mandingas desfeitas, suas mãos e pés amarrados e sua boca amordaçada. Peço que livre de todos os males (nome do fiel).

Que Jesus Cristo, o Filho unigênito de Deus, tenha piedade das pessoas que lançam esses sortilégios, causando esses males.

Oh Senhor, os leve para a verdadeira vida, livrando-os do mal e do caminho de Satanás. Assim, comigo, eu clamo pela ajuda dos Anjos Sagrados, São Rafael, São Gabriel, São Miguel, São Uriel e todos os Santos e Santas, pela palavra sagrada do Evangelho e por obra e graça do Divino Espírito Santo, pelos feitos milagrosos de Jesus Cristo, que levantou mortos, fez andar paralíticos e curou todos os males. Assim, venceremos o antigo inimigo que tentou Eva e Adão no Paraíso, a antiga serpente Satanás e a todos os seus seguidores e criadores de malefícios.

Oh, Senhor do Universo, abençoe (nome do fiel), tenha compaixão e faça com que seu caminho seja livre das artimanhas do demônio.

Em nome do Senhor!

Amém.

Acompanhar essa oração de uma novena em louvor a Deus Pai e seu Filho Santificado.

Oração de São Paulo contra o demônio

Eu (nome de quem faz a oração), servo fiel de Deus e humilde pecador, em nome de Teu Santíssimo nome, expulso o demônio, bloqueio o seu caminho, impeço os seus embustes e malefícios, pois o Senhor está comigo. Assim sendo, demônio, não podereis jamais fazer nada contra mim e contra os meus.

Oh São Paulo, amarre esse espírito infernal para que não possa tentar, nem fazer mal a ninguém.

Essa oração deve ser lida todas as noites, antes de dormir.

Oração para a Mãe do Redentor

Virgem Maria, sagrada Mãe de Jesus, única entre as mulheres, amparai os meus caminhos. Livrai-me de todo o mal, em nome de Deus e em nome do teu Filho amado, me leve para o caminho da felicidade.

Que assim seja.

Amém.

Rezar três ave-marias e três salve-rainhas.

Oração para o Anjo da Guarda

Sagrado Anjo que me acompanha desde o momento em que nasci, me livre de todos os males, do diabo tentador, dos perigos e falsidades da vida.

Guie minha alma aos caminhos que conduzem ao Paraíso.

Me leve a realizar todo o bem e a ter uma vida justa e boa.

Amém.

Rezar ao amanhecer, diariamente.

Como ungir a cruz de São Bartolomeu

Cruz de São Bartolomeu, pela água e madeira de que és feita, não nos deixe cair em tentações dos espíritos do mal e faça vir a mim as graças dos que gozam os bem aventurados. Em nome do Pai, do Filho e do Espírito Santo.

Essa cruz deve ser levada em um saquinho preto junto ao corpo.

A grande invocação

Em nome de São Pedro e suas sete candeias, em nome de seu cão preto e das sete igrejas do oriente. Em nome de Jesus, que morreu na cruz da montanha sagrada, eu peço que meu pedido (diga o pedido) seja atendido. Eu sairei vencedor.

Oração para amolecer corações

Em um santo lugar, Ele nasceu. Pelo cordeiro divino que tira os pecados do mundo, por São Paulo, São Pedro, hei de amançar o coração de (nome da pessoa), e assim seja feito pelo cordeiro de Deus e de todos os Santos.

Amém.

Oração para vencer nos negócios

Senhor Deus, que é dono de todas as coisas, abra meu caminho para que meus negócios prosperem e me socorra nos momentos de dificuldade. Preste auxílio a esse pobre pecador.

Oh grande Rei dos Reis, me permita o sucesso nos negócios. Que assim seja, Senhor.

Amém.

Oração para ganhar no jogo de dados

Dado, eu te conjuro em nome de Melek Tahus, a sempre me favorecer nas jogadas, para que dessa forma eu ganhe o jogo. Em nome das línguas de fogo e em nome de Deus de 72 letras, eu te conjuro.

Oração para descobrir segredos ocultos

Oh Glorioso Deus Vivo, que a todo tempo todas as coisas lhe prestam homenagem, eu, que sou Vosso fiel servo, lhe peço que me envie Vossos anjos e que eles me mostrem aquilo que quero descobrir e saber.

Que eles me mostrem os mistérios.

Amém.

Rezar três credos e fazer o sinal da cruz ao início e fim das orações.

Oração de São Jorge

Eu andarei vestido e armado com as armas de São Jorge para que meus inimigos, tendo pés, não me alcancem; tendo mãos, não me peguem; tendo olhos, não me vejam, e nem em pensamento eles possam me fazer mal.

Armas de fogo não alcançarão o meu corpo, que as facas e as lanças se quebrem, sem conseguir chegar ao meu corpo; cordas e correntes se arrebentem, sem me prender.

Oh Glorioso São Jorge, em nome da falange do divino Espírito Santo, coloque seu escudo e suas poderosas armas em minha defesa. Que eu esteja com a sua força contra os meus inimigos. Que meus inimigos fiquem humildes e submissos, sem poder me olhar.

Assim seja, em nome de Deus, de Jesus e do Espírito Santo.

Amém.

Rezar três ave-marias e três pai-nossos em louvor a São Jorge.

Salve Estrela-do-mar

Salve Estrela-do-mar (faça o sinal da cruz), Mãe de Deus, sempre virgem, um portal do céu, aquela que ouviu a anunciação da boca do próprio Gabriel. Abre as cadeias, liberta os prisioneiros, traz luz aos cegos, cura as chagas e nos forneça todos os bens.

És nossa mãe, intercedendo por nós junto ao seu divino Filho Jesus Cristo.

Virgem, a mais bondosa, perdoe nossas falhas, nos ajude na jornada, por meio de Ti, louvamos a Santíssima Trindade.

Em nome do Pai, do Filho e do Espírito Santo.

Que assim seja. Amém.

Oração a *Nossa Senhora das Dores*

Virgem Maria Santíssima, Mãe de nosso salvador, Jesus Cristo.

Prostro-me diante de vós, arrependido dos meus pecados. Interceda, junto ao vosso divino Filho, para que eu possa obter o perdão dos meus pecados.

Senhora das dores, que teve seu puro coração transpassado por sete espadas, protetora dos fracos e oprimidos, vinde em meu auxílio.

Tenha piedade de mim e atenda o meu pedido (dizer a graça a ser alcançada).

Conceda essa graça pelo poderoso sangue de Cristo, derramado para nossa salvação.

Que assim seja.

Amém.

Oração a São José pela paz da família

São José, pai do salvador da humanidade, esposo da amantíssima Virgem Maria, eu lhe imploro auxílio: restabeleça os laços do matrimônio. Vós, que sois o exemplo da constância e da fidelidade.

Oh guardião da família, seja o protetor desse lar, inspire (nome do cônjuge) e a todos os membros dessa família para que a paz e o amor possam reinar nesse lar.

Glorioso São José, interceda por nós perante o Deus Altíssimo, que ele tenha piedade de nós. Seja o nosso guardião, o nosso guia.

Que assim seja.

Amém.

Oração a São Judas Tadeu para ter sucesso nas questões legais e jurídicas

Oh São Judas Tadeu, tu que fostes vítima de injustiça, fostes decapitado na Pérsia, pregando a verdadeira palavra do nosso Senhor Jesus, ajude-me a encontrar justiça.

São Judas Tadeu, sou um servo fiel e devoto de Jesus Cristo, cuja sabedoria vós propagastes pelo mundo.

Oh santíssimo, que enfrentastes o martírio com coragem, faça com que eu enfrente os meus litígios de cabeça erguida.

Oh São Judas, que o trono do Pai eterno interceda em meu favor.

Oh grande Santo, concedei-me esta graça.

Rezar um pai-nosso e três ave-marias.

Oração a Santa Maria Goretti

Oh Santa Maria Goretti, que teve conforto na graça divina, enfrentou, com apenas 12 anos, o derradeiro fim, e derramou seu sangue para defender sua pureza virginal. Volte seus olhos à pobre humanidade, inspire os valores aos jovens, conceda um pouco de sua coragem e presteza para que assim possamos seguir os ensinamentos de Jesus e sermos dignos de seu amor. E, assim, conseguir a glória eterna do céu.

Que assim seja.

Oração de São Roque contra chagas e feridas

São Roque, lhe peço proteção. Que eu seja poupado e que minha saúde permaneça intacta. Mantenha-me puro São Roque, de corpo e alma, para que dessa forma essas feridas e chagas tenham cura, assim como sararam as chagas de Jesus Cristo.

Após isso, o devoto irá benzer as feridas, dizendo: São Roque falou, a chaga fechou; São Roque falou, a ferida secou; São Roque falou, a doença acabou.

Rezar um pai-nosso e um ave-maria.

Oração de Santa Terezinha contra desastres

Faça o sinal da Cruz.

Pura e gloriosa Santa Terezinha do Jesus Menino que honrou e glorificou o nosso Senhor. Venho pedir-lhe a sua proteção nos caminhos difíceis e tortuosos da minha vida.

Santa Terezinha, tomai-me sob a vossa proteção, mesmo eu sendo um pecador indigno, sei de sua infinita bondade.

Oh bondosa Virgem Excelsa, pureza sem igual, atendei a minha prece, Santa Terezinha, sede propícia ao meu pedido, protegendo-me em meus caminhos por esta existência.

Afaste do meu caminho todos os perigos, desastres e acidentes, tanto para o corpo quanto para a alma. Velai por nós, na rua, em nossa casa, em nosso trabalho, seja de dia ou de noite.

Que assim seja.

Amém.

Oração pelas almas

Jesus, o Verbo feito carne, o Deus feito homem, nosso criador e redentor, salvador da humanidade, peço a vossa misericórdia para com (nome do falecido).

Senhor, tente misericórdia!

Jesus, esteja ao lado dessa alma para guiá-la e protegê-la nas veredas do caminho da morte. Possa Maria Santíssima, sua boa e amada Mãe acolher (nome do falecido) e acolhê-lo sob seu manto de amor incondicional.

Maria, nossa Mãe, consolo dos aflitos, orai por ele.

Maria Santíssima, refúgio dos pecadores, orai por ele.

Cordeiro de Deus, que tirou o pecado do mundo, tende piedade do(a) (nome do falecido).

Rezar uma salve-rainha e dois pai-nossos.

Oração ao menino Deus

Oh, Jesus! Quando nascestes em Belém recebeste sa visita de reis e anjos.

Menino Deus, regente deste mundo, salvador da humanidade, lhe peço que me livre de todo o mal e me encaminhe na senda da vida. Que eu esteja sempre sob a vossa proteção e a de sua Mãe, Virgem Maria.

Que assim seja.

Oração a Santa Bárbara

Piedosa Santa Bárbara,

Virgem e Gloriosa, Casta e Pura,

Deus a salve, brilhante pérola do firmamento do céu, rogai por nós, oh bem amada Bárbara, para que sejamos dignos de Cristo.

Que assim seja.

Oração a Nossa Senhora de Fátima

Virgem Maria,

Que apareceu aos três pastorinhos em Fátima, Senhora do mistério, amostra dos poderes divinos no mundo, dos mistérios da redenção e do perdão.

Nós, pecadores, rogamos a ti, que nos ajude e nos ampare.

Que assim seja, em glória ao Deus altíssimo.

Amém.

Oração a São Pedro

São Pedro,

"Tu és pedra", e sob essa pedra edificarei minha igreja, assim falou nosso senhor Jesus Cristo. São Pedro, que tens as chaves do Paraíso, tende piedade dos pecadores. A Ti rogamos, que possamos alcançar a bem aventurança e a retidão no caminho da fé, e assim seremos dignos de alcançar a salvação.

Que assim seja.

Amém

Oração a São João Batista

Tu que preparastes o caminho para nosso Senhor Jesus Cristo, e assim, propiciastes a salvação dos homens. Tu que batizastes nosso Mestre Jesus nas águas do Rio Jordão.

E, assim, Ele foi ungido pelo Espírito Santo.

Oh amado São João Batista, que eu poça alcançar a salvação e a redenção dos pecados, me livrar do pecado original e alcançar a vida eterna.

Amém.

Oração a São Miguel para ter uma saúde de ferro

Oh São Miguel Glorioso,

Chefe da milícia celeste, protetor da fé, defendei-nos contra nossos inimigos.

Não permita que eles se voltem contra nós, que sejamos livres das armadilhas e ciladas armadas por eles.

Afugente-os e afaste-os de nosso caminho, protegendo nosso corpo e nossa alma de tudo que possa nos fazer mal.

Oh Grande São Miguel, triunfe sobre nossos inimigos e esteja sempre conosco, especialmente no momento de nossa morte.

Amém.

Oração a Santa Margarida protetora das mulheres grávidas

Em nome do Pai, do Filho e do Espírito Santo.

Oh Santa Margarida,

Tu que fostes mártir para proteger a fé cristã e aonosso Senhor Jesus Cristo.

Protetora das mulheres grávidas, interceda junto a Deus misericordioso para que todo mal fique longe de nós.

Amém.

Oração de São Lázaro

O São Lázaro, o Senhor Jesus, que o curou de suas chagas, assim lhe peço que meu corpo seja fechado contra todos os males, com a permissão de Deus.

Oh São Lázaro, feche me corpo contra todos os males, com a ajuda de Deus e de todos os Santos.

Que assim seja.

Amém.

Oração a São Simão contra os raios

Oh Santo eremita, São Simão,

Que viveu no alto da montanha, protegido pela graça do nosso Senhor Deus.

Atendei ao meu pedido e me proteja dos raios, assim como Deus o protegeu por anos a fio.

Protegei-me do fogo celeste, dando-me a graça de ter uma morte tranquila, cercado por minha família.

Amém.

Oração a São Bartolomeu

São Bartolomeu,

Que dobrastes poderosas árvores, Senhor dos ventos, dos furacões e tempestades.

Tu fostes escolhido por Deus para mostrar ao homem a força dos poderes de Deus.

Eu peço que em seu poderoso vento carregue todo o mal, toda a doença e toda a desavença para os confins do mundo.

Que assim seja.

Rezar três pai-nossos e acender uma vela a São Bartolomeu.

Oração a São Thomé para obter esclarecimento em um negócio

São Thomé,

Que precisastes ver Jesus para acreditar na ressurreição e tocastes com as suas mãos as chagas de nosso Senhor.

Peço-te auxílio e esclarecimento em (nome do negócio) para que eu possa entender e saber o que de fato se passa.

Inspire-me e proteja São Thomé.

Que assim seja.

Amém.

Invocação ao Divino Espírito Santo

Vinde a mim, Espírito Santo,

Trazendo dádivas infinitas do Deus Pai, o fogo dos céus e a bênção espiritual.

Transmute nossos pecados em bênçãos, juntamente com o Pai e o Filho, vós sois a grande força do Universo.

Assim, com as suas dádivas, eu abrando meu espírito e encontro a paz.

Que assim seja.

Oração de São Paulo para descobrir a verdade sobre um determinado assunto

Oh grande São Paulo, tu que fostes convertido pelo poder da verdade de Jesus rogai por mim junto ao Senhor Jesus e fazei-me ver a verdade.

Que eu descubra a verdade sobre (dizer o assunto) como tu, amado São Paulo, descobriste, o verdadeiro caminho na estrada para Damasco, de Saulo tornaste Paulo pelo poder da verdade.

Que eu possa ser digno da fé cristã e de ter a graça daquele que disse "Eu sou a verdade e a vida".

Que assim seja!

Amém.

Oração a São Cristóvão para obter força para vencer os desafios

São Cristóvão, de incrível força, que carregaste o menino Jesus nos ombros, tão pesado quanto o mundo, pois carregava os pecados de todos nós. Daí-me força pra enfrentar (dizer o nome do desafio) e sair vitorioso, como Jesus venceu a morte, o maior desafio de todos, e subiu aos céus e está sentado ao lado de Deus pai todo poderoso.

Oh São Cristóvão, ampare-me como amparastes o menino Jesus, que eu tenha a sua força ao atravessar o rio tempestuoso da vida.

Que assim seja.

Rezar três pai-nossos.

Oração a São Expedito, santo das causas impossíveis

Santo Expedito, padroeiro das causas perdidas grande mártir da fé, seja meu auxílio dia e noite.

Ajudai-me, com a graça de Deus, a solucionar rapidamente (dizer o problema) e encontrar a paz.

Tende piedade de mim, Santo Expedito, e concedei-me este pedido.

Oração para conseguir o amor de uma mulher

Oh Senhor Jesus, que salvaste a humanidade pela dádiva do seu amor.

Sem vós nada seríamos.

Faça-me digno de conseguir o amor de (dizer o nome da mulher), ser feliz ao lado dela e constituir uma família digna e cristã, como a de Maria e José, para a glória de Deus e de todos os santos.

Jesus, intercedei para que Santo Antônio me de suas bênçãos e atenda às minhas súplicas e eu consiga o meu amor.

Glória ao filho de Deus e a Santo Antônio, em nome do Pai do Filho e do Espírito Santo, Amém.

Oração para conseguir o amor de um homem

Oh Virgem Maria, que fostes toda amor para gerar o Redentor da Humanidade.

Sem vós seríamos apenas pecadores sem a salvação vinda do amor do seu filho Jesus.

Faça-me digno de conseguir o amor de (dizer o nome do homem), ser feliz ao lado dele e constituir uma família digna e cristã, para a glória de Deus e de todos os santos.

Maria Santíssima, intercedei para que Santo Antônio me de suas bênçãos e atenda as minhas súplicas e eu consiga o meu amor.

Glória a Mãe de Deus e a Santo Antônio, em nome do Pai, do Filho e do Espírito Santo, Amém.

Oração de Santa Catarina contra os inimigos

Oh santa Catarina, tu que abrandaste 500 homens bravos como leões, abrandes o coração dos meus inimigos. Para que, tendo pés não me alcancem, tendo mãos não me peguem, tendo olhos, não me vejam, e nem em pensamento eles possam me fazer mal.

Assim fizestes nos tempos de Abraão para glória do Senhor Deus.

Santa Catarina, protegei-me para todo o sempre.

Amém.

Oração ao glorioso Santo Expedito

Oh glorioso Santo Expedito das causas urgentes e justas, interceda perante o Deus todo poderoso para que eu tenha minha graça atendida.

Esteja comigo neste momento de desespero e trevas, seja meu braço forte, Santo Guerreiro, e o guia do meu caminho.

Serei um fiel baluarte da fé, assim como tu fostes, um sereno defensor do cristianismo.

Oh Santo Expedito Santo dos desesperados.

Oh Santo Expedito das causas urgentes e difíceis.

Oh Santo Expedito, vitorioso e coberto de glória.

Suplico-lhe (dizer o pedido).

Possa Jesus Cristo permitir a minha graça.

Amém.

Rezar três pai-nossos e um credo.

Oração a Nossa Senhora desatadora de nós

Virgem santíssima, desatastes todos os nós e empecilhos para conceber seu Filho unigênito e salvador da humanidade. Ajudai-me a desenrolar a minha vida, libertar-me dos meus problemas e cortar o laço dos meus vícios.

Amém.

Oração de São Cosme e Damião por nossos filhos

Com ajuda de todos os Santos e bênção do Nosso Senhor, eu lhes faço este pedido.

Amados Cosme e Damião, cuidem de nossas crianças, livrem-nas de todo o mal, amparem seus passos, ensinem o caminho do bem, inspirem bons pensamentos e atos. Pelo amor do Santo Cristo, iluminem o futuro delas sempre cheio de esperança e realização. Que elas se tornem adultos bondosos e temerosos do Senhor Deus e que nunca esqueçam que o reino dos céus é dos puros de coração, como o coração de uma criança.

Santos irmãos, atendei a minha prece.

Amém.

Oração a Nossa Senhora Aparecida

Ó incomparável Senhora da Conceição Aparecida, Viva a Mãe de Deus, Virgem imaculada.

Advogada dos pecadores, refúgio e consolação dos aflitos e atribulados, ó Virgem Santíssima, cheia de poder e bondade, lançai sobre nós um olhar para que sejamos socorridos em todas as necessidades em que nos achamos. Lembrai-vos, Oh Clementíssima Senhora de Aparecida, que nunca se ouviu dizer que algum daqueles que têm recorrido, invocado vosso santíssimo nome e implorado vossa singular proteção, fosse por vós abandonado. Animados com esta confiança, a vós recorremos, tomando-vos de hoje para sempre por nossa mãe, nossa protetora, consoladora e guia, esperança e luz na hora da morte. Senhora, livrai-nos de tudo o que possa ofender-vos e a vosso santíssimo Filho, nosso Redentor e nosso Senhor Jesus Cristo. Virgem bendita, preservai-nos de todos os perigos da alma e do corpo; dirigi-nos em todos os negócios espirituais e temporais. Soberana Senhora, livrai-nos da tentação do demônio e de todos os males que nos ameaçam, para que, trilhando o caminho da virtude, possamos, um dia, ver-vos e amar-vos na eterna glória por todos os séculos e séculos.

Amém.

Rezar um pai-nosso, uma ave-maria e uma salve-rainha.

Pai-nosso

Pai-nosso, que estais nos céus, santificado seja o vosso nome, venha a nós o vosso reino, seja feita a vossa vontade, assim na terra como no céu.

O pão nosso de cada dia nos dai hoje; perdoai as nossas ofensas, assim como nós perdoamos a quem nos tem ofendido.

Não nos deixeis cair em tentação.

Mas livrai-nos do mal.

Amém.

Credo

Creio em Deus Pai, todo poderoso,

Criador do céu e da terra; e em Jesus Cristo, seu único filho, nosso Senhor;

que foi concebido pelo poder do Espírito Santo; nasceu da Virgem Maria, padeceu sob Pôncio Pilatos, foi crucificado, morto e sepultado; desceu à mansão dos mortos;

ressuscitou ao Terceiro dia; subiu aos céus, está sentado à direita de Deus Pai todo poderoso, donde há de vir a julgar os vivos e os mortos.

Creio no Espírito Santo, na Santa Igreja Católica, na comunhão dos Santos, na remissão dos pecados, na ressurreição da carne, na vida eterna.

Amém.

Ave Maria

Ave Maria, cheia de graça, o Senhor é convosco; bendita sois vós entre as mulheres, bendito é o fruto do vosso ventre, Jesus.

Santa Maria, Mãe de Deus, rogai por nós, pecadores, agora e na hora de nossa morte.

Amém.

Glória ao Pai

Glória ao Pai, ao Filho e ao Espírito Santo, assim como era no princípio, agora e sempre, por todos os séculos e séculos

Amém.

Salve Rainha

Salve, Rainha, Mãe de misericórdia, vida, doçura e esperança nossa, salve!

A vós bradamos os degredados filhos de Eva.

A vós suspiramos, gemendo e chorando, neste vale de lágrimas.

Eis, pois, advogada nossa, esses vossos olhos misericordiosos a nós volvei.

E depois deste desterro, mostrai-nos Jesus, o bendito fruto do vosso ventre.

Oh clemente, oh piedosa, oh doce sempre Virgem Maria.

Rogai por nós, Santa Mãe de Deus,

para que sejamos dignos das promessas de Cristo.

Amém.

Prece de Cáritas

Deus, nosso pai, que tendes poder e bondade, daí a força àquele que passa pela provação, a luz àquele que procura a verdade, ponde no coração do homem a compaixão e a caridade.

Deus... dai ao viajor a estrela guia, ao aflito a consolação, ao doente o repouso.

Pai... dai ao culpado o arrependimento, ao espírito a verdade, à criança o guia, ao órfão o pai.

Senhor, que vossa bondade se estenda sobre tudo que criastes.

Piedade, meu Deus, para aquele que não vos conhece, esperança para aquele que sofre.

Que a vossa bondade permita hoje aos espíritos consoladores derramarem por toda a parte a paz, a esperança e a fé.

Deus, um raio, uma faísca do vosso amor pode abrasar a terra; deixai-vos beber na fonte dessa bondade fecunda e infinita e todas as lágrimas secarão, todas as dores se acalmarão; um só coração, um só pensamento subirá até vós, como um grito de reconhecimento e amor.

Como Moisés, sobre a montanha nós esperamos com os braços abertos para vós, ó poder! Ó bondade! Ó beleza! Ó perfeição! E queremos de alguma sorte forçar vossa misericórdia.

Deus, dai-nos a força de ajudar o progresso a fim de subirmos até Vós. Dai-nos a caridade pura, dai-nos a fé e a razão, a simplicidade que fará de nossas almas o espelho onde deve refletir a Vossa Santa e Misericordiosa Imagem. Amém!

Outras publicações

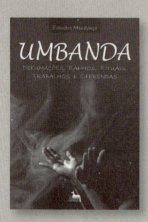

UMBANDA – DEFUMAÇÕES, BANHOS, RITUAIS, TRABALHOS E OFERENDAS

Evandro Mendonça

Rica em detalhes, a obra oferece ao leitor as minúcias da prática dos rituais, dos trabalhos e das oferendas que podem mudar definitivamente a vida de cada um de nós. Oferece também os segredos da defumação, assim como os da prática de banhos. Uma obra fundamental para o umbandista e para qualquer leitor que se interesse pelo universo do sagrado. Um livro necessário e essencialmente sério, escrito com fé, amor e dedicação.

Formato: 16 x 23 cm – 208 páginas

PRETO-VELHO E SEUS ENCANTOS

Evandro Mendonça inspirado pelo Africano São Cipriano

Os Pretos-Velhos têm origens africana, ou seja: nos negros escravos contrabandeados para o Brasil, que são hoje espíritos que compõe as linhas africanas e linhas das almas na Umbanda.

São almas desencarnadas de negros que foram trazidos para o Brasil como escravos, e batizados na igreja católica com um nome brasileiro. Hoje incorporam nos seus médiuns com a intenção de ajudar as almas das pessoas ainda encarnadas na terra.

A obra aqui apresentada oferece ao leitor preces, benzimentos e simpatias que oferecidas aos Pretos-Velhos sempre darão um resultado positivo e satisfatório.

Formato: 16 x 23 cm – 176 páginas

EXU E SEUS ASSENTAMENTOS
Evandro Mendonça inspirado pelo Senhor Exu Marabô

Todos nós temos o nosso Exu individual. É ele quem executa as tarefas do nosso Orixá, abrindo e fechando tudo. É uma energia vital que não morre nunca, e ao ser potencializado aqui na Terra com assentamentos (ponto de força), passa a dirigir todos os caminhos de cada um de nós, procurando sempre destrancar e abrir o que estive fechado ou trancado.

Formato: 16 x 23 cm – 176 páginas

POMBA-GIRA E SEUS ASSENTAMENTOS
Evandro Mendonça inspirado pela Senhora Pomba-Gira Maria Padilha

Pomba-Gira é uma energia poderosa e fortíssima. Atua em tudo e em todos, dia e noite. E as suas sete ponteiras colocadas no assentamento com as pontas para cima representam os sete caminhos da mulher. Juntas às outras ferramentas, ervas, sangue, se potencializam tornando os caminhos mais seguros de êxitos. Hoje é uma das entidades mais cultuadas dentro da religião de Umbanda. Vive na Terra, no meio das mulheres. Tanto que os pedidos e as oferendas das mulheres direcionadas à Pomba-Gira têm um retorno muito rápido, na maioria das vezes com sucesso absoluto.

Formato: 16 x 23 cm – 176 páginas

Distribuição exclusiva

www.aquarolibooks.com.br